DIE BESTEN

DETOX
DRINKS

WICHTIGER HINWEIS

Alle Angaben, Ratschläge und Tipps in diesem Buch wurden nach dem aktuellen Wissensstand sorgfältig erarbeitet. Dennoch erfolgen alle Angaben ohne Gewähr. Verlag und Autoren haften nicht für eventuelle Nachteile und Schäden, die aus den im Buch gemachten praktischen Hinweisen resultieren. Die in diesem Buch enthaltenen Ratschläge ersetzen nicht die Untersuchung und Betreuung durch einen Arzt.

TEXTE UND REZEPTE

Diana Pyter: S. 86–111
Marie Gründel: S. 4–11 (Einleitung), 72, 73, 81, 84 (Rezepte)
NGV Verlagsarchiv: S. 70, 75, 79, 80, 83
Rafael Pranschke: S. 76
Alle übrigen Rezepte: Nina Engels

BILDNACHWEIS

Diana Pyter: S. 9, 86–111
Fotolia.com: © sveta_zarzamora (S. 6), © Björn Wylezich (S. 10), © saschanti (S. 11)
Rafael Pranschke, Lukas Kotremba, Mülheim an der Ruhr: S. 77
Studio Klaus Arras: S. 71, 74, 78, 80, 82
Alle übrigen Fotos: TLC Fotostudio

Illustrationen

Fotolia.com: © Aleksandra Mikhailec (S. 8 ol., 24), © barmaleeva (S. 14 l., 17 l. (2), 20 l. (2), 20 r., 26 (2), 27 u., 29 r., 30 l., r., 34 r., 36 u., 37 (2), 39 l., Mr., 40 l., 44 u. (2), 46 (2), 47 u., 49 r. (2), 50 u. (2), 54 Mo., 56 (2), 59, 64 o., 69 (3), 70 r., 72 ol., 75 (3), 83 u., 89 u.,93 l., 94 o., 97, 100, 102 ol., 106 ol., 109 (2), 110 (2)), © Claudia Balasoiu (Wolke), © cookamot (S. 8 ur.), © kondratya (S. 4), © korsaralex (S. 8 ul., 9 o.), © lenka (S. 9 o.), © mariart_i (S. 8 or., 14 r., M, 17 r., 18 (2), 19 (2), 20 M., 23 (2), 24, 27 o., 29 l., 30 M., 33 (3), 34 l. (2), 36 o., 39 r., Ml., 40 r., 43 (3), 44 o., 47 o., 49 l., 50 o., 53, 54 l., or., u., 57, 60 (2), 63 (2), 64 u., 66 (2), 67 (2), 70 l., M., 72 or., ur., 73 (2), 76 (2), 79 (2), 80 (2), 81, 83 o., 84 (4), 87 (2), 88 (3), 89 o., 90, 91 (2), 93 r., 94 u., 95 (2), 96, 98 r., 101 (2), 102 or., u, 103 (2), 105 (3), 106 or., u., 107 (2), 108 (2), Gläser)

INHALT

WAS IST DETOX?

Der Begriff Detox stammt aus dem Englischen. Es ist die Abkürzung von „detoxify" und bedeutet „Entgiften". Für die Entgiftung sind verschiedene Organsysteme im menschlichen Körper zuständig: Leber, Niere, Haut und Darm. Sie reinigen unseren Körper 24 Stunden lang tagtäglich. Schadstoffe werden über Urin, Stuhl, Schweiß oder den Atem ausgeschieden. Detox-Programme unterstützen die Arbeit dieser Organe und verwöhnen nebenbei Körper und Seele.

WAS BEWIRKT DETOX?

Beim Detoxen geht es nicht darum Kalorien oder Fettaugen zu zählen, sondern sich bewusst zu machen, womit Sie Ihren Körper belasten – oder eben gerade nicht belasten. Es geht darum genau wahrzunehmen, was Sie essen. Detox-Kuren verlangen einen achtsamen Umgang mit nährenden Speisen und Getränken. Das Ergebnis:

↘ Mehr Energie
↘ Schöne Haut und Haare
↘ Besserer Schlaf
↘ Schutz vor verschiedenen Erkrankungen
↘ Innere Balance

Detox kann aber noch mehr: Der Stoffwechsel wird angeregt, das Immunsystem gestärkt und Entzündungen eingedämmt.

Detox unterstützt die körpereigenen Entgiftungssysteme dabei, belastende Substanzen, unerwünschte Stoffe und Gifte loszuwerden. Eigentlich funktionieren unsere Entgiftungssysteme einwandfrei. Sie arbeiten rund um die Uhr, um den Körper gesund zu erhalten. Problematisch wird es, wenn der Körper mehr Belastendes aufnimmt, als er schafft zu entsorgen. Dann reagiert der Organismus mit Symptomen wie Blähungen, Antriebslosigkeit und fahler Haut.

DETOX: SO GEHT'S

Es gibt verschiedene Arten von Detox. Einige Kuren empfehlen sämtliche tierische Produkte wegzulassen, also vegan zu essen, andere verzichten auf Weißmehl, Zucker, Fleisch und verarbeitete Produkte, wieder andere empfehlen nur leichte Kost und manche Kuren setzen allein auf Getränke. Allen Programmen gemein ist, dass sie die Körper eigenen Entgiftungssysteme, also Leber, Niere, Darm und Haut, durch eine gezielte Lebensmittelauswahl unterstützen und den Säure-Basen-Haushalt wieder in Balance bringen.

UNSER TIPP

Kaufen Sie stets frisches Obst und Gemüse, am besten zwei- bis drei Mal die Woche, und achten Sie darauf, dass es reif ist. Dann versorgt es Ihren Körper ideal mit Nährstoffen und sekundären Pflanzenstoffen.

DETOX-LEBENSMITTEL SIND:

- ↘ reich an Enzymen
- ↘ reich an Vitaminen und Mineralstoffen
- ↘ reich an Antioxidanzien
- ↘ reich an sekundären Pflanzenstoffen
- ↘ fettarm
- ↘ möglichst unverarbeitet
- ↘ möglichst vegetarisch

DIE ENTGIFTUNGS-ORGANE

Leber, Niere, Haut und Darm sind die Organe, die die Hauptarbeit in Sachen Detox leisten. Daher gibt es hier eine kleine Vorstellungsrunde.

DARM

Der Darm verdaut Nahrung. Das heißt er zieht Nährstoffe aus dem Nahrungsbrei, so dass der Körper diese verwenden kann. Außerdem scheidet er Unverwertbares aus, bekämpft Krankheitserreger und spielt eine Rolle im Flüssigkeitshaushalt. In grünen Smoothies stecken neben viel Flüssigkeit auch eine Menge Nährstoffe, beispielsweise im Grünkohl-Smoothie mit Feldsalat.

HAUT

Die Haut spielt eine nur kleine Rolle bei der Ausscheidung von Schadstoffen. Außerdem sitzen in den Hautschichten Zellen des Immunsystems, die Krankheitserreger identifizieren und das Abwehrsystem alarmieren. Auch die Haut profitiert von ausreichend Flüssigkeit, etwa einem Möhren-Apfelsaft mit Rote Bete.

LEBER

NIERE

Die Niere wird auch „Klärwerk des Körpers" genannt. Sie filtert unerwünschte Stoffe aus dem Blut und leitet diese über den Urin aus dem Körper hinaus. Jeden Tag entstehen 500 bis 2000 Milliliter Harn. Damit schädliche Substanzen effektiv ausgespült werden, ist es wichtig viel zu trinken, zum Beispiel Detox-Melonen-Wasser mit Limette.

Eine Hauptaufgabe der Leber ist es, schädliche Substanzen herauszufiltern und über Niere oder Darm zu entsorgen. Alkohol, aber auch Medikamente oder bestimmte Krankheiten schwächen die Leber, sodass diese nicht mehr hinreichend arbeiten kann. Unterstützt wird die Leber hingegen von einer Menge Enzyme. Über die Nahrung können Sie wiederum die Arbeit der Leber fördern. Chlorophyll etwa ist reich an Enzymen und steckt zum Beispiel in Weizengras.

WAS SIND UNERWÜNSCHTE STOFFE?

Unerwünschte Stoffe werden auch als Schlacken oder Gifte bezeichnet. Sie dringen tagtäglich in unseren Körper ein: über die Haut, über die Nahrung, über die Atemluft… Einige werden sogar vom Körper selbst produziert. Quellen für unerwünschte Stoffe sind:

↘ Zigaretten
↘ Alkohol
↘ Haushaltchemikalien und Putzmittel
↘ Kosmetika
↘ Umweltgifte wie Abgase
↘ Schwermetalle
↘ Fast Food und stark verarbeitete Produkte
↘ Pestizide
↘ Ozon
↘ Elektrosmog

NO-GO

Eine Detox-Regel lautet: Kein Kaffee, kein Alkohol, keine Limonaden. Suchen Sie sich stattdessen leckere Drinks aus diesem Buch zusammen. Eine weitere: kein Nikotin.

VIEL SCHLAF

Um erfolgreich zu entgiften, braucht der Körper ausreichend Zeit zur Regeneration. Das passiert vor allem nachts. Schlafen Sie also mindestens 7–8 Stunden. Zwei Stunden davon sollten vor Mitternacht liegen.

DETOX BOOSTER

Unter all den wertvollen Lebensmitteln, die Sie beim Detoxen unterstützen, kurbeln folgende die Entgiftung noch einmal kräftig an.

ALGEN

Chlorella-Algen binden Schwermetalle und andere Gifte. Sie sind reich an Chlorophyll und sekundären Pflanzenstoffen. Außerdem fördern Chlorella-Algen die Verdauung, stärken das Immunsystem und lindern Entzündungen.

INGWER

Ingwer wirkt entzündungshemmend und befeuert den Stoffwechsel. Zudem unterstützt und beschleunigt er die Verdauung und sorgt so für eine schnellere Ausleitung von unerwünschten Stoffen aus dem Körper. Außerdem kräftigt Ingwer die Immunabwehr.

BRENNNESSEL

Für die einen ist die Brennnessel lästiges Unkraut, für andere die Königin der Heilpflanzen. Die Brennnessel wirkt entwässernd. Somit fördert sie die Ausscheidung von unerwünschten Stoffen aus dem Körper über die Niere. Außerdem wirkt sie blutreinigend, blutbildend und lindert Entzündungen.

KURKUMA

Kurkuma wirkt antioxidativ. Es schützt und regeneriert die Leber und fördert die Ausschwemmung von Gift- und anderen belastenden Stoffen. Zudem wirkt Kurkuma entzündungshemmend.

LÖWENZAHN

- -

Löwenzahn enthält viele Bitterstoffe. Bitterstoffe braucht der Körper dringend. Denn sie lassen die Verdauungssäfte fließen und unterstützen Leber und Darm. Zudem regen sie die Stoffwechselfunktionen an. Leider sind sie aus vielen Gemüsen, die im Supermarkt erhältlich sind, rausgezüchtet. Wildpflanzen im Allgemeinen sind eine gute Quelle für Bitterstoffe.

WEIZENGRAS

- -

Frisches Weizengras enthält so viel Chlorophyll wie kaum ein anderes Lebensmittel und eine Fülle an Enzymen. Das unterstützt die Blutbildung, den Stoffwechsel im Allgemeinen und versorgt die Zellen optimal mit Sauerstoff. Auch die Arbeit der Entgiftungsorgane Leber, Niere und Darm wird durch Weizengras gefördert.

DETOX-DRINKS

- ↘ sind reich an Enzymen, Vitalstoffen und Vitaminen
- ↘ enthalten viele wichtige Nährstoffe
- ↘ stärken das Immunsystem
- ↘ fördern die Entgiftung
- ↘ entlasten den Darm
- ↘ helfen der Niere
- ↘ unterstützen heilende und regenerative Prozesse
- ↘ spenden Energie und Vitalität

DETOX HELFER

Eine bewusste Detox-Ernährung allein bewirkt schon viel. Wer noch effektiver detoxen möchte, kann den Köper mit weiteren Maßnahmen in seiner Regeneration unterstützen.

STOFFWECHSELÜBUNGEN

Spezielle Übungen kurbeln den Stoffwechsel an und fördern die Durchblutung. So werden Schadstoffe schneller aus dem Körper geleitet. Jede Bewegung an der frischen Luft tut gut und unterstützt das Detox-Programm, also auch Spaziergänge, Radfahren oder leichtes Inline-Skaten. Es gibt aber auch spezielle Yoga-Übungen, die gezielt Leber und Darm aktivieren und unterstützen, etwa die Kobra, der Pflug und der Schulterstand.

HEILERDE

Heilerde ist ein fein gemahlenes Gesteinspulver, das Gifte und unerwünschte Stoffwechselprodukte bindet. So hilft Heilerde dem Körper beim Entgiften, unterstützt und saniert den Darm und stärkt das Immunsystem. Je feiner die Erde, desto besser ist die Wirkung. Heilerde kann innerlich und äußerlich angewendet werden. Zur innerlichen Anwendung wird Heilerde in Wasser oder Tee aufgelöst und in kleinen Schlucken getrunken. Sie kann aber auch als Wickel, Auflage, Maske oder Badezusatz verwendet werden.

LEBERWICKEL

Ein feuchter, warmer Wickel sorgt dafür, dass die Leber besser durchblutet wird und sie so noch besser arbeiten kann. So können Sie die Entgiftung äußerlich unterstützen und ankurbeln. Für den Leberwickel können Sie ein kleines Handtuch in kochend heißes Wasser legen, vorsichtig auswringen und sich auf die Leber legen. Darüber kommt eine kleine Wärmflasche, das ganze umwickeln Sie straff mit einem Tuch oder Handtuch. Decken Sie sich zu und ruhen Sie für 30 Minuten. Diese Zeit können Sie optimal für Entspannungsübungen, Meditation oder Autogenes Training nutzen.

AUSLEITENDES BAD

Heilbäder haben eine Temperatur von 37 Grad und enthalten Zusätze, die den Körper beim Ausleiten unterstützen, etwa Senfmehl, Meersalz oder spezielle Öle. Zudem wirken sie entspannend, was ebenfalls die Regeneration unterstützt.

WARUM DETOX-DRINKS?

Während einer Detox-Kur müssen Sie viel trinken, um die Schadstoffe aus dem Körper zu schwemmen. Wasser ist Lebenselixier – zwei bis drei Liter sollten Sie trinken. Damit unterstützen Sie Ihren Körper dabei Giftstoffe auszuschwemmen. Wie praktisch, wenn Sie mit Ihrem Getränk neben Flüssigkeit gleich jede Menge Vitalstoffe tanken und zudem mit ausreichend Nährstoffen versorgt sind.

UNSER TIPP

Ob Sie nun Ihre Detox-Kur durch Getränke wie das Detox-Wasser ergänzen wollen, ob Sie eine Mahlzeit durch einen Detox-Smoothie ersetzen wollen oder ob Sie ein Detox-Programm nur auf Getränken basierend ausprobieren möchten – das alles ist möglich mit Detox Drinks.

DETOX FÜR DIE SEELE

Detox ist die ideale Zeit, um auch die Seele zu entrümpeln. Schreiben Sie sich Ihre Sorgen von der Leber, probieren Sie mal Yoga, autogenes Training oder Meditation, machen Sie lange Spaziergänge und tun Sie sich etwas Gutes. Lassen Sie für die Detox-Zeit alle elektronischen Geräte ausgeschaltet und beschäftigen Sie sich mal nur mit sich – offline.

REZEPTE

- -

Mit diesen leckeren Smoothies, den frischen Säften und aromatischen Infused-Water-Drinks kurbeln Sie Ihren Stoffwechsel so richtig an!

PETERSILIE-APRIKOSEN-SMOOTHIE

MIT ROMANA-SALAT

Für 2 Gläser
à ca. 350 ml

150 g Romana-Salat
4 Stängel Petersilie
50 g Babyspinat
2 El Chia-Samen
8 Aprikosen
1 Orange
1 Handvoll Eiswürfel

Den Romana-Salat waschen und putzen. Die Petersilie waschen. Den Babyspinat waschen. Alles zerkleinern und mit dem Chia-Samen in den Mixer geben.

Die Aprikosen waschen, halbieren und die Kerne entfernen. Die Orange schälen und die Frucht zerteilen. Das Fruchtfleisch von Orange und Aprikosen ebenfalls in den Mixer geben. 100 ml Wasser hinzugießen und alles pürieren.

Die Eiswürfel hinzugeben und alles so lange mixen, bis die Konsistenz schön sämig ist. Nach Belieben mit weiterem Wasser verdünnen.

DIESER POWER-SMOOTHIE UNTERSTÜTZT DEN KÖRPER BEI DER REGENERATION UND ERNEUERUNG.

LECKER

GRÜNKOHL-SMOOTHIE
MIT FELDSALAT

Grünkohl waschen und zerteilen. Feldsalat putzen, gründlich waschen und mit dem Grünkohl in den Mixer geben. Die Banane schälen und in Stücke schneiden. Die Limette auspressen. Beides ebenfalls in den Mixer geben.

Die Birnen waschen, die Stiele entfernen und die Früchte vierteln. Die Kerngehäuse nach Belieben entfernen, dann die Früchte zerteilen. Die Orangen auspressen. Alles ebenfalls in den Mixer geben und glatt mixen. Dann die Eiswürfel hinzugeben. So lange weitermixen, bis die Konsistenz glatt und sämig ist. Nach Belieben mit Mineralwasser verdünnen.

GRÜNKOHL IST EIN POWERLEBENSMITTEL IN SACHEN GESUNDHEIT, REICH AN NÄHRSTOFFEN UND EIN IMMUNBOOSTER.

**Für 2 Gläser
à ca. 350 ml**

4 Blätter Grünkohl
100 g Feldsalat
1 Banane
1 Limette
2 Birnen
2 Orangen
1 Handvoll Eiswürfel
Mineralwasser
nach Belieben

GRÜNE SMOOTHIES

ROTE-BETE-BLÄTTER-PAPAYA-SMOOTHIE

DIE BITTERSTOFFE BRINGEN DEN STOFF-WECHSEL AUF TRAB. WER'S SÜSSER MAG, NIMMT TRAUBEN STATT GRAPEFRUIT.

Für 2 Gläser à ca. 350 ml

1 El Leinsamen
4 Rote-Bete-Blätter
100 g Babyspinat
1 Grapefruit
1 Zitrone
1 Papaya
1 Handvoll Eiswürfel

Den Leinsamen in kaltem Wasser ca. 1 Stunde einweichen. Abgießen und mit 100 ml Wasser pürieren. Rote-Bete-Blätter und Spinat putzen, waschen und zerkleinern. Mit Grapefruit- und Zitronensaft in den Mixer gießen. Die Papaya schälen, halbieren, Kerne entfernen und das Fruchtfleisch zerteilen. Mit 100 ml Wasser glatt pürieren. Die Eiswürfel hinzugeben. Mitmixen, bis sie vollständig zerkleinert sind.

BIRNEN-SOJA-SMOOTHIE
MIT WILDKRÄUTERN

**Für 2 Gläser
à ca. 375 ml**

100 g gemischte
Wildkräuter
2 Birnen
1 Limette
200 g Gurke
200 ml ungesüßter
Sojadrink
1 Handvoll Eiswürfel

Wildkräuter putzen und waschen. Birnen waschen, Stiele entfernen, nach Belieben Kerngehäuse entfernen. Früchte zerteilen. Mit Wildkräutern und Limettensaft in den Mixer geben. Gurke waschen und grob zerteilen. Sojadrink hineingießen und glatt pürieren. Eiswürfel hinzugeben und mitmixen, bis die Konsistenz glatt und sämig ist.

WILDKRÄUTER ENTHALTEN VIELE WERTVOLLE INHALTSSTOFFE. VIELE FUNGIEREN GLEICHSAM ALS HEILKRÄUTER.

SPINAT-ANANAS-SMOOTHIE

MIT APRIKOSEN

**Für 2 Gläser
à ca. 375 ml**

2 El Hanfsamen
1 Handvoll getrocknete
Aprikosen (ungeschwefelt)
150 g Babyspinat
3 Stängel Minze
300 g Ananas
1 Handvoll Eiswürfel

Den Hanfsamen mit Wasser bedecken und ca. 1 Stunde einweichen. Die Aprikosen in einer zweiten Schüssel mit 200 ml Wasser bedecken und ebenfalls 1 Stunde einweichen.

Den Hanfsamen abgießen und die Samen in den Mixer geben. Die eingeweichten Aprikosen mitsamt Einweichflüssigkeit hinzugeben. Alles pürieren.

Den Spinat verlesen, putzen und waschen. Dann in den Mixer geben. Die Minze waschen und zerteilen. Ebenfalls in den Mixer geben. Die Ananas schälen, die Augen entfernen und das Fruchtfleisch mitsamt dem harten Mittelstück in Stücke schneiden. Ebenfalls in den Mixer geben. Alles glatt pürieren. Zum Schluss die Eiswürfel hinzugeben und so lange mitmixen, bis eine glatte Konsistenz erreicht ist.

SPINAT IST REICH AN DEN VITAMINEN A, C UND K SOWIE MAGNESIUM, FOLSÄURE UND SEKUNDÄREN PFLANZENSTOFFEN.

100% NATURAL

RUCOLA-SMOOTHIE
MIT GOJI-BEEREN

GOJI-BEEREN KOMMEN AUS CHINA. SIE UNTERSTÜTZEN DIE SEHKRAFT UND DAS IMMUNSYSTEM.

Die Goji-Beeren in 200 ml kaltem Wasser ca. 30 Minuten einweichen. Dann mitsamt dem Einweichwasser in den Mixer geben. Den Rucola und die Petersilie waschen, putzen und zerteilen. Die Avocado halbieren, den Stein entfernen und das Fruchtfleisch herauslöffeln. Die Zitrone auspressen und den Saft mit dem Avocado-Fruchtfleisch mischen. Die Pflaumen waschen, halbieren und die Steine entfernen. Alles zusammen in den Mixer geben und glatt pürieren.

Die Eiswürfel und nach Belieben 1 Schuss Mineralwasser hinzugeben. So lange pürieren, bis die Konsistenz glatt und sämig ist.

Für 2 Gläser à ca. 375 ml

2 El getr. Goji-Beeren
100 g Rucola
4 Stängel Petersilie
1 Avocado
1 Zitrone
200 g gelbe Pflaumen
1 Handvoll Eiswürfel
Mineralwasser
nach Belieben

TATSOI-GURKEN-SMOOTHIE

MIT KIWI

**Für 2 Gläser
à ca. 325 ml**

2 El Chia-Samen
200 g Gurke
1 Kiwi
100 g Tatsoi
2 Äpfel
100 ml Kokoswasser
1 Handvoll Eiswürfel

Den Chia-Samen in den Mixer geben. 50 ml Wasser hinzugießen. Die Gurke waschen und grob zerkleinern. Die Kiwi schälen und zerteilen. Den Tatsoi waschen und putzen, die Blätter grob zerkleinern und zusammen mit Gurke und Kiwi in den Mixer geben.

Die Äpfel waschen, vierteln und nach Belieben die Kerngehäuse entfernen. Die Früchte zerteilen und mit dem Kokoswasser in den Mixer geben. Alles glatt pürieren. Zum Schluss die Eiswürfel hinzugeben. So lange weitermixen, bis die Konsistenz glatt ist.

TATSOI WIRD AUCH PAK-CHOI GENANNT UND IST EIN ASIATISCHER SENFKOHL, DER AN SPINAT ODER MANGOLD ERINNERT.

STAUDENSELLERIE-BIRNEN-SMOOTHIE

MIT KIWI

**Für 2 Gläser
à ca. 350 ml**

4—6 Stangen
Staudensellerie
mit Grün
2 Stängel Minze
2 Birnen
2 Kiwis
1 Banane

Staudensellerie waschen und in Scheiben schneiden, Blätter grob hacken. Beides für mindestens 30 Minuten tiefkühlen. Minze waschen und zerteilen. Birnen waschen, Stiele und nach Belieben das Kerngehäuse entfernen. Früchte grob zerteilen. Kiwis und Banane schälen und in Stücke schneiden. Alles in den Mixer geben und mit 200 ml Wasser glatt pürieren.

DIE MINZE IN DIESEM SMOOTHIE SORGT NICHT NUR FÜR FRISCHE. SIE LINDERT AUCH MAGEN-DARM-BESCHWERDEN.

GURKEN-MINZE-SMOOTHIE

MIT WEIZENGRAS

**Für 2 Gläser
à ca. 350 ml**

250 g Gurke
50 g Minze
2 Tl Weizengraspulver
1/2 Zitrone
1 Banane
200 ml Kokoswasser
1 Handvoll Eiswürfel

WEIZENGRAS FÖRDERT DIE BLUTBILDUNG, STÄRKT DAS IMMUNSYSTEM UND UNTERSTÜTZT DIE ENTGIFTUNGSORGANE.

Gurke waschen und in Stücke schneiden. Minze waschen und zerteilen. Zusammen mit Weizengraspulver und Zitronensaft in den Mixer geben. Alles glatt pürieren. Banane schälen und in Stücke schneiden. Mit Kokoswasser glatt mixen. Eiswürfel hinzugeben und alles mixen, bis die Konsistenz glatt ist.

GRÜNE SMOOTHIES

LÖWENZAHN-WILDKRÄUTER-SMOOTHIE

MIT KIWI

Den Chia-Samen in den Mixer geben. Löwenzahn und Wildkräuter waschen und putzen. Tropfnass ebenfalls in den Mixer geben.

Die Kiwis schälen. Das Fruchtfleisch in Stücke schneiden. Die Mango schälen und das Fruchtfleisch vom Kern schneiden. Mit dem Kiwifruchtfleisch und dem ungeschälten, in Scheiben geschnittenen Ingwer in den Mixer geben.

200 ml Mineralwasser hinzugießen und alles glatt pürieren. Dann die Eiswürfel hinzufügen. So lange mixen, bis die Konsistenz glatt und sämig ist.

**Für 2 Gläser
à ca. 350 ml**

1 El Chia-Samen
1/2 Bund Löwenzahn
1 Handvoll Wildkräuter
3 Kiwis
1 Mango
1 cm Ingwer
200 ml Mineralwasser
1 Handvoll Eiswürfel

LÖWENZAHN WIRKT ENTWÄSSERND UND BLUTREINIGEND; ER UNTERSTÜTZT LEBER, ENTGIFTUNG UND VERDAUUNG.

GRÜNE SMOOTHIES

BROKKOLI-SMOOTHIE
MIT ZUCKERMELONE

DIESER SMOOTHIE IST REICH AN ANTIOXI-DANZIEN. STATT ZUCKER-MELONE SCHMECKT AUCH JEDE ANDERE SORTE.

Für 2 Gläser à ca. 350 ml

100 g Brokkoli
1/2 Zuckermelone
2 Tl Löwenzahnpulver
1 Stängel Minze
1 Banane
2 Äpfel
1 El frisch gepresster
Zitronensaft
Agavendicksaft
nach Belieben

Den Brokkoli waschen, putzen und grob zerkleinern. Für ca. 1 Stunde im Tiefkühlfach anfrieren lassen. Die Melone entkernen, die Schale entfernen und das Fruchtfleisch würfeln. Ebenfalls für ca. 1 Stunde im Tiefkühlfach anfrieren lassen. Dann mit dem Brokkoli in den Mixer geben. Das Löwenzahnpulver hinzugeben.

Die Minze waschen, zerteilen und mit der geschälten und in Stücke geschnittenen Banane ebenfalls in den Mixer geben. Die Äpfel waschen, vierteln und samt Schale und nach Belieben mit Kerngehäuse in den Mixer geben. Zitronensaft hinzugießen und alles glatt mixen. Währenddessen 250 ml Wasser hinzugießen und den Smoothie damit verdünnen. Abschmecken und nach Belieben mit etwas Agavendicksaft süßen.

MIT MINZE

FELDSALAT-ORANGEN-SMOOTHIE

MIT AVOCADO

Den Hanfsamen in kaltem Wasser ca. 1 Stunde einweichen. Anschließend in ein Sieb gießen. Die Samen mit 100 ml frischem Wasser in den Mixer geben und glatt pürieren.

Den Feldsalat putzen, waschen und in den Mixer geben. Die Orangen schälen. Die Früchte zerteilen und nach Belieben die Kerne entfernen. Das Fruchtfleisch ebenfalls in den Mixer geben. Das Avocado-Fruchtfleisch herauslöffeln und zu den anderen Zutaten in den Mixer geben.

100 ml Wasser dazugießen und alles glatt pürieren. Die Eiswürfel hinzugeben und so lange mitmixen, bis eine glatte Konsistenz erreicht ist.

Für 2 Gläser à ca. 350 ml

2 El Hanfsamen
150 g Feldsalat
3 Orangen
1/2 Avocado
1 Handvoll Eiswürfel

HANFSAMEN ENTHALTEN REICHLICH OMEGA-3-FETTSÄUREN, VITAMIN B1 UND B2 UND LINDERN DADURCH ENTZÜNDUNGEN.

MANGOLD-SMOOTHIE
MIT ANANAS

**Für 2 Gläser
à ca. 350 ml**

125 g Mangold-Blätter
ohne Stängel
2 Tl Brennnessel-Pulver
300 g Ananas
1 Limette
1—2 El Agavendicksaft
1 Handvoll Eiswürfel

Mangold waschen und in Stücke teilen. Zusammen mit dem Brennnessel-Pulver in den Mixer geben. Die Ananas schälen, die Augen entfernen und das Fruchtfleisch mitsamt dem harten Mittelstück grob zerteilen.

Die Limette auspressen. Zusammen mit 1 Esslöffel Agavendicksaft und der Ananas in den Mixer geben. Alles mit 200 ml Wasser glatt pürieren.

Die Eiswürfel hinzugeben und so lange mitmixen, bis eine glatte Konsistenz erreicht ist. Nach Belieben noch 1 weiteren Esslöffel Agavendicksaft hinzugeben.

BRENNNESSEL UND ANANAS WIRKEN AUSLEITEND. SIE SCHWEMMEN UNERWÜNSCHTE STOFFE AUS DEM KÖRPER.

MÖHRENGRÜN-MANGO-SMOOTHIE

MIT ANANAS

**Für 2 Gläser
à ca. 375 ml**

Grün von 3—4 Möhren
150 g junger Portulak
1 Mango
1 Banane
2 Kiwis
1 geh. Tl Chlorella-Pulver
nach Belieben
150 ml Kokoswasser
1 Handvoll Eiswürfel

Möhrengrün und Portulak waschen, putzen und Möhrengrün grob zerkleinern. Mango schälen und das Fruchtfleisch vom Stein schneiden. Alles in den Mixer geben. Banane und Kiwis schälen und in Stücke schneiden. Beides in den Mixer geben, nach Belieben Chlorella-Pulver hinzufügen. Alles mit Kokoswasser und Eiswürfeln glatt mixen.

OFT DIENT ES NUR ALS HASENFUTTER, DABEI ENTHÄLT DAS MÖHRENGRÜN VIELE GESUNDHEITSFÖRDERNDE STOFFE.

MATCHA-KIWI-APFEL-SMOOTHIE

**Für 2 Gläser
à ca. 350 ml**

2 Tl Matcha-Pulver
100 g Babyspinat
1/2 Limette
200 ml Kokoswasser
2 Kiwis
1 Apfel
1 Banane
1 Handvoll Eiswürfel
100 ml Mineralwasser

DIESER SMOOTHIE IST DAS RICHTIGE FÜR ALLE, DIE MORGENS EINEN GESUNDEN ENERGIEKICK BRAUCHEN.

Matcha-Pulver in den Mixer geben. Spinat putzen, waschen und hinzu geben. Mit Limettensaft und Kokoswasser glatt pürieren. Kiwis schälen und in Stücke schneiden. Apfel waschen, vierteln, Kerngehäuse nach Belieben entfernen. Die Frucht mit Schale zerteilen. Banane schälen und in Stücke schneiden. Alles glatt pürieren. Eiswürfel und 100 ml Mineralwasser hinzugießen und alles glatt pürieren.

MIT
BIRNE

PORTULAK-ORANGEN-SMOOTHIE

MIT AVOCADO

Die Sesamsaat in kaltem Wasser ca. 1 Stunde einweichen. Dann abgießen und mit 100 ml frischem Wasser in den Mixer geben. Glatt mixen. Portulak putzen, waschen und zerkleinern. Ananas schälen, die Augen entfernen und das Fruchtfleisch mitsamt dem harten Mittelstück würfeln. Mit dem Portulak in den Mixer geben. Die Birne waschen, den Stiel entfernen, die Frucht zerteilen, dabei das Kerngehäuse nach Belieben mitverwenden. Das Avocadofruchtfleisch herauslöffeln. Die Orangen schälen. Das Fruchtfleisch zerteilen. Alles in den Mixer geben und glatt mixen.
Die Eiswürfel hinzugeben und so lange weitermixen, bis die Konsistenz glatt und sämig ist. Nach Belieben mit Wasser verdünnen.

**Für 2 Gläser
à ca. 350 ml**

2 El Sesamsaat
150 g junger Portulak
300 g Ananas
1 Birne
1/2 Avocado
2 Orangen
1 Handvoll
Eiswürfel

BRUNNENKRESSE-SMOOTHIE

MIT HASELNÜSSEN

Die Haselnüsse mit kaltem Wasser bedecken und ca. 6 Stunden einweichen. Anschließend in ein Sieb abgießen und mit 200 ml Wasser und dem Chilipulver im Mixer pürieren.

Die Brunnenkresse putzen und waschen. Den Romana-Salat putzen und waschen. Basilikum waschen. Alles grob zerkleinern und in den Mixer geben. Die Zitrone auspressen und den Saft hinzugießen.

Die Fenchelknolle mit Grün waschen, putzen und zerteilen. Ebenfalls in den Mixer geben. Die Mischung pürieren, bis sie schön glatt ist. Anschließend das Eis hinzugeben. Alles so lange mixen, bis die Konsistenz sämig ist. Zum Schluss noch ca. 100 ml Mineralwasser hinzugießen und kurz mitmixen. Mit etwas Pfeffer bestreut servieren.

Für 2 Gläser à ca. 350 ml

30 g Haselnüsse
1 Prise Chilipulver
100 g Brunnenkresse
50 g Romana-Salat
4 Stängel Basilikum
1/2 Zitrone
1/2 Fenchelknolle mit Grün
1 Handvoll Eiswürfel
100 ml Mineralwasser
frisch gemahlener Pfeffer
zum Bestreuen

BRUNNENKRESSE ENTHÄLT MEHR VITAMIN C ALS ZITRONEN; SIE FÖRDERT DIE VERDAUUNG UND DIE BLUTBILDUNG.

PIKANT

BEEREN-ORANGEN-SMOOTHIE

Die Sesamsaat in kaltem Wasser ca. 1 Stunde einweichen. Dann in ein Sieb abgießen und mit den Aronia-Beeren in den Mixer geben.
Die Datteln halbieren, die Steine entfernen und das Fruchtfleisch ebenfalls in den Mixer geben.
Die Beeren waschen, anschließend in den Mixer geben.
Die unbehandelte Orange waschen, trocknen und 1 Messerspitze Schale abreiben. 2 Orangen halbieren und auspressen. 2 Orangen schälen, dabei auch möglichst viel weiße Haut entfernen. Das Fruchtfleisch zerteilen und die Kerne entfernen. Orangenschale, -saft und -fruchtfleisch in den Mixer geben. Alles glatt mixen. Dann die Eiswürfel hinzugeben und so lange mitmixen, bis der Smoothie eine homogene Konsistenz hat.

Für 2 Gläser à ca. 325 ml

35 g Sesamsaat
2 El getrocknete
Aronia-Beeren
4 Datteln
250 g gemischte Beeren
(z.B. Brombeeren, Himbeeren, Johannisbeeren, Erdbeeren)
4 Orangen (mindestens
1 davon unbehandelt)
1 Handvoll Eiswürfel

DIESER SMOOTHIE IST REICH AN SEKUNDÄREN PFLANZENSTOFFEN, STÄRKT DAS IMMUNSYSTEM UND FÖRDERT DIE VERDAUUNG.

GOJI-FEIGEN-SMOOTHIE

**Für 2 Gläser
à ca. 375 ml**

40 g Mandeln
1 Banane
3 El getr. Goji-Beeren
200 g Feigen
1 Birne
1 Handvoll Eiswürfel

DIESER SMOOTHIE STÄRKT DAS IMMUN-SYSTEM. DIE VITAMIN E-REICHEN MANDELN SCHÜTZEN DIE ZELLEN.

Die Mandeln mit kaltem Wasser bedecken, ca. 6 Stunden einweichen, dann in ein Sieb abgießen. Die Banane schälen und in Scheiben schneiden.

Die Mandeln mit Banane und Goji-Beeren in den Mixer geben. 200 ml Wasser hinzugießen und alles glatt mixen.

Die Feigen waschen, putzen und zerteilen. Die Birne waschen, den Stiel entfernen, das Kerngehäuse nach Belieben entfernen und die Frucht ebenfalls zerteilen. Beides in den Mixer geben und glatt pürieren.

Dann das Eis hinzugeben und so lange weitermixen, bis alles eine glatte Konsistenz aufweist. Nach Belieben mit Wasser verdünnen.

MMH...

ANANAS-KOKOS-SMOOTHIE

**Für 2 Gläser
à 350 ml**

500 g Ananas
80 g Kokosnussfleisch
50 g getrocknete
Goji-Beeren
200 ml Kokoswasser
1 Handvoll Eiswürfel

Die Ananas schälen, die Augen und den harten Strunk entfernen und das Fruchtfleisch in Stücke schneiden. Das Kokosnussfleisch in Stücke schneiden und zusammen mit Ananas und Goji-Beeren in den Mixer geben.
Das Kokoswasser hinzugießen und die Mischung glatt mixen. Die Eiswürfel hinzugeben und glatt mixen. Nach Belieben mit etwas Wasser verdünnen.

REICHHALTIGER WIRD DER SMOOTHIE, WENN STATT KOKOSWASSER UND -FLEISCH KOKOSMILCH IM DRINK LANDET.

MACADAMIA-BROMBEER-SMOOTHIE

**Für 2 Gläser
à ca. 375 ml**

50 g Macadamia-
Nüsse
2 El Hanfsamen
250 g Brombeeren
1 Banane
2 Orangen

Die Macadamia-Nüsse in kaltem Wasser ca.
4 Stunden einweichen. Die Hanfsamen für die
letzte Stunde hinzugeben. Die Brombeeren
waschen, trocken tupfen und für mindestens
30 Minuten ins Tiefkühlfach legen.
Die Nüsse und Samen in ein Sieb abgießen,
abspülen und mit 250 ml Wasser im Mixer zu
Milch pürieren. Die Banane schälen, in Stücke
teilen und zur Nussmilch geben. Die Orangen auspressen. Den Saft zusammen mit den
gefrorenen Brombeeren hinzugeben. Alles glatt
mixen.

STATT BROMBEEREN SCHMECKEN IN DIESEM
SMOOTHIE AUCH SCHWARZE JOHANNIS-
BEEREN, HEIDEL- ODER HIMBEEREN.

NUSSIG

PFLAUMEN-HASELNUSS-SMOOTHIE

Die Haselnüsse ca. 6 Stunden in kaltem Wasser einweichen. Dann in ein Sieb gießen. Mit den Kakaobohnensplittern und den Goji-Beeren in den Mixer geben. 100 ml Wasser hinzugießen und alles glatt pürieren.

Die Brombeeren waschen und abtropfen lassen. Die Pflaumen waschen, trocknen, halbieren und die Steine entfernen. Das Fruchtfleisch mit Brombeeren und Zimt in den Mixer geben. Alles glatt mixen. Zum Schluss die Eiswürfel hinzugeben. Alles so lange mixen, bis die Konsistenz geschmeidig ist.

**Für 2 Gläser
à ca. 325 ml**

40 g Haselnüsse
1 El Kakaobohnensplitter
2 El getr. Goji-Beeren
1 Handvoll Brombeeren
250 g blaue Pflaumen
1 Msp. Zimt
1 Handvoll Eiswürfel

HASELNÜSSE SIND WERTVOLLE OMEGA-3-LIEFERANTEN UND ENTHALTEN VIEL VITAMIN E — EIN RADIKALFÄNGER.

GRANATAPFEL-ORANGEN-SMOOTHIE

**Für 2 Gläser
à ca. 375 ml**

2 El Chia-Samen
6 Datteln
150 g gefrorene Himbeeren
1 Granatapfel
2 unbehandelte Orangen
200 ml Kokoswasser
1 Handvoll Eiswürfel

Den Chia-Samen in den Mixer geben. Die Datteln entsteinen und das Fruchtfleisch zum Chia-Samen geben. Danach die gefrorenen Himbeeren hinzugeben. Den Granatapfel vierteln und die Kerne herausdrücken. 1 Esslöffel Kerne beiseitelegen, die restlichen Kerne in den Mixer geben.
Die Orangen heiß waschen, trocknen. Von 1 Orange 2 Messerspitzen Schale abreiben und in den Mixer geben. Von der anderen Orange 2 dünne Scheiben aus der Mitte schneiden und beiseitelegen. Die Orangen schälen, die Kerne entfernen und das Fruchtfleisch in den Mixer geben.
Kokoswasser und 100 ml Wasser hinzugießen und alle Zutaten cremig mixen. Zum Schluss die Eiswürfel hinzugeben und so lange weitermixen, bis alles die gewünschte Konsistenz hat. Auf Gläser verteilen, mit den beiseitegelegten Granatapfelkernen bestreuen und die Orangenscheiben auf den Glasrand setzen.

SUPER-
FOOD

HEIDELBEER-APRIKOSEN-SMOOTHIE

Den Leinsamen in kaltem Wasser ca. 1 Stunde einweichen. Die Heidelbeeren abbrausen, trocken tupfen und mindestens 30 Minuten tiefkühlen.

Leinsamen in ein Sieb abgießen, abspülen und zusammen mit dem Maqui-Pulver und 100 ml frischem Wasser in den Mixer geben. Glatt mixen.

Die Aprikosen waschen, trocknen, halbieren und die Steine entfernen. Das Fruchtfleisch grob zerteilen und zusammen mit den Heidelbeeren ebenfalls in den Mixer geben. Alles mixen, zum Schluss das Eis hinzugeben und glatt pürieren.

Für 2 Gläser à ca. 375 ml

2 El Leinsamen
200 g Heidelbeeren
1 1/2 El Maqui-Pulver
500 g Aprikosen
1 Handvoll Eiswürfel

GOJI-PFIRSICH-SMOOTHIE

MIT KOKOS

**Für 2 Gläser
à ca. 350 mll**

200 ml Kokoswasser
40 g getrocknete
Goji-Beeren
70 g frisches Kokosnuss-
fleisch
3 Pfirsiche
1 Limette
2 Zweige Minze

Außerdem:
Eiswürfelformen

Das Kokoswasser in Eiswürfelförmchen gießen und ca. 2 Stunden gefrieren lassen. Die Goji-Beeren in den Mixer geben. Das Kokosfleisch zerteilen und ebenfalls in den Mixer geben. Die Pfirsiche waschen, trocken tupfen und halbieren. Die Steine entfernen und das Fruchtfleisch grob zerteilt in den Mixer geben. Die Limette auspressen, den Saft hinzugießen. Minze waschen und die Blättchen ebenfalls in den Mixer geben. 100 ml Wasser hinzugießen und alles glatt mixen.
Die Eiswürfel aus Kokoswasser hinzugeben und so lange mixen, bis alles eine glatte, sämige Konsistenz hat.

PFIRSICH BRINGT HIER SÜSSE IN DEN SMOOTHIE. ALTERNATIVEN BIETEN NEKTARINEN ODER APRIKOSEN.

EXOTISCH

GRANATAPFEL-HIMBEER-SMOOTHIE

Für 2 Gläser à 350 ml

250 g Himbeeren
1 Granatapfel
1 El Chia-Samen
1 Banane
1 Birne
1 Handvoll Eiswürfel

DIESER ROTE POWER-SMOOTHIE WIRKT ENTZÜNDUNGSLINDERND UND VERSORGT DEN KÖRPER MIT VITALSTOFFEN.

Die Himbeeren waschen und abtropfen lassen. Den Granatapfel vierteln und die Kerne herausdrücken. Zusammen mit den Himbeeren und dem Chia-Samen in den Mixer geben. Die Banane schälen und grob zerteilen. Die Birne waschen, den Stiel und nach Belieben das Kerngehäuse entfernen. Das Fruchtfleisch grob zerteilen und mit der Banane in den Mixer geben. 100 ml Wasser hinzugießen und alles glatt mixen. Zum Schluss die Eiswürfel hinzugeben und so lange weitermixen, bis alles eine glatte Konsistenz aufweist.

MANGO-PAPAYA-SMOOTHIE

**Für 2 Gläser
à ca. 325 ml**

1 Mango
1/2 Papaya
100 g weicher
Seidentofu
1 El Chia-Samen
1 Limette
200 ml Kokoswasser
1 Handvoll Eiswürfel

Die Mango schälen und das Fruchtfleisch vom Kern schneiden. Die Papaya schälen, die Kerne entfernen und das Fruchtfleisch grob zerteilen. Mit dem Mangofruchtfleisch, dem Seidentofu und dem Chia-Samen in den Mixer geben. Die Limette auspressen und den Saft mit dem Kokoswasser in den Mixer gießen. Alles glatt mixen. Dann die Eiswürfel hinzugeben und so lange weitermixen, bis alles eine glatte Konsistenz aufweist.

TROPISCHE AROMEN UND JEDE MENGE PROTEINE – DAS HAT DIESER SMOOTHIE ALLES ZU BIETEN.

SUPERFOOD-SMOOTHIES

100%
NATURAL

SANDDORN-ANANAS-SMOOTHIE

SANDDORN STEHT AN DER SPITZE DER VITAMIN C-LIEFE-RANTEN UND KRÄFTIGT DIE IMMUNABWEHR.

Den Hanfsamen in kaltem Wasser ca. 1 Stunde einweichen. Dann in ein Sieb abgießen. Die Ananas schälen, die Augen und den harten Strunk entfernen und das Fruchtfleisch in Stücke schneiden. Mit dem Hanfsamen in den Mixer geben und den Sanddornsaft mit 100 ml Wasser hinzugießen. Die Birne waschen, den Stiel entfernen und nach Belieben das Kerngehäuse entfernen. Die Frucht in Stücke teilen und ebenfalls in den Mixer geben. Alles glatt pürieren. Dann die Eiswürfel hinzugeben und so lange weitermixen, bis alles eine glatte Konsistenz aufweist. Nach Belieben mit Wasser verdünnen.

Für 2 Gläser à ca. 350 ml

2 El Hanfsamen
300 g Ananas
100 ml Sanddornsaft
1 Birne
1 Handvoll Eiswürfel

SUPERFOOD-SMOOTHIES

MAULBEER-MELONEN-SMOOTHIE

MIT PAPAYA

**Für 2 Gläser
à ca. 375 ml**

50 g Cashewkerne
1 El Leinsamen
300 g Wassermelone
40 g getr. Maulbeeren
1/2 Papaya

Die Cashewkerne mit kaltem Wasser bedeckt ca. 2 Stunden einweichen. Nach ca. 1 Stunde den Leinsamen hinzugeben und eventuell Wasser nachgießen, sodass alles bedeckt ist. Die Wassermelone schälen, das Fruchtfleisch in Stücke schneiden, dabei die Kerne entfernen und die Melonenstücke mindestens 30 Minuten ins Tiefkühlfach geben.

Cashewkerne und Leinsamen in ein Sieb abgießen. Mit den getrockneten Maulbeeren in den Mixer geben und mit 200 ml Wasser glatt mixen.

Die Papaya schälen, die Kerne entfernen und das Fruchtfleisch in Stücke schneiden. Zusammen mit den Melonenstücken in den Mixer geben. Alles glatt mixen.

MAULBEEREN STAMMEN AUS ASIEN UND NORDAMERIKA. SIE SIND REICH AN VITAMIN C UND STÄRKEN DIE ABWEHR.

MIT ARONIA

HIMBEER-AVOCADO-SMOOTHIE

Die Himbeeren waschen, trocken tupfen und mindestens 30 Minuten ins Tiefkühlfach geben. Die Aronia-Beeren in den Mixer geben. Birne und Apfel waschen, vierteln und die Kerngehäuse nach Belieben entfernen. Das Fruchtfleisch mit Schale zerteilen und ebenfalls in den Mixer geben.

Die Avocado halbieren, den Kern entfernen und das Fruchtfleisch herauslösen. Ebenfalls in den Mixer geben, dann 100 ml Wasser hinzugießen und die gefrorenen Himbeeren dazugeben. Alles glatt mixen.

Für 2 Gläser à ca. 375 ml

250 g Himbeeren
40 g Aronia-Beeren
1 Birne
1 Apfel
1 Avocado

SUPERFOOD-SMOOTHIES

CRANBERRY-ZIMT-SMOOTHIE

**Für 2 Gläser
à ca. 350 ml**

50 g Cashewkerne
1/2 Honigmelone
1/2 Tl Zimt
150 g Cranberrys

Die Cashewkerne in kaltem Wasser ca.
2 Stunden einweichen. Die Honigmelone schälen, die Kerne entfernen und das
Fruchtfleisch in Würfel schneiden. Mindestens 30 Minuten lang tiefkühlen.
Die Cashewkerne in ein Sieb abgießen,
abspülen und anschließend mit dem Zimt
und 250 ml frischem Wasser im Mixer zu
einer glatten Milch mixen.
Die Cranberrys waschen und hinzugeben.
Die gefrorene Honigmelone hinzugeben
und alles glatt mixen.

DIE CRANBERRY IST EINE ALTE INDISCHE
HEILPFLANZE MIT HOHEM VITAMIN-
UND MINERALSTOFFGEHALT.

LECKER

ORANGEN-ROTE-BETE-SMOOTHIE

MIT MAQUI-PULVER

**Für 2 Gläser
à ca. 400 ml**

200 g Rote Bete
4 Orangen
3 cm Ingwer
1 Banane
2 Tl Maqui-Pulver

Die Rote Bete schälen, in Stücke schneiden und diese mindestens 30 Minuten ins Tiefkühlfach legen. 2 Orangen auspressen. 2 Orangen schälen, dabei möglichst viel weiße Haut entfernen. Das Fruchtfleisch zerteilen und die Kerne entfernen. Den Ingwer schälen und ebenfalls in kleine Stücke schneiden. Die Banane schälen. Die gefrorenen Rote-Bete-Stücke, die grob zerteilte Banane, Maqui-Pulver und Ingwer in den Mixer geben. Den Orangensaft und das Orangenfruchtfleisch hinzugeben und alles glatt mixen.

MAQUI-BEEREN GEDEIHEN IN CHILE, SIE SIND REICH AN ANTIOXIDANZIEN UND SCHÜTZEN DIE ZELLEN.

MANGO-MINZE-SMOOTHIE

**Für 2 Gläser
à ca. 375 ml**

1 Mango
200 g Erdbeeren
2 Stängel Minze
1 kernlose Grapefruit
2 kernlose Saft-Orangen
100 ml Mineralwasser
1 Handvoll Eiswürfel

Die Mango schälen und das Fruchtfleisch vom Stein schneiden. Die Erdbeeren waschen, trocken tupfen, putzen und mit der Mango in den Mixer geben. Die Minze waschen, trocken tupfen und ebenfalls in den Mixer geben. Die Grapefruit und die Orangen schälen und die weiße Haut so weit wie möglich entfernen. Die Früchte zerteilen und eventuell doch vorhandene Kerne entfernen. Dann in den Mixer geben und alles glatt pürieren. Das Mineralwasser und die Eiswürfel hinzugeben und alles glatt mixen.

REICHLICH VITAMINE SORGEN HIER FÜR EIN STARKES IMMUNSYSTEM UND AUCH MINZE SCHÜTZT VOR ERKÄLTUNGEN.

SUPERFOOD-SMOOTHIES

POWER-
DRINK

SANDDORN-APRIKOSEN-SMOOTHIE

Die Banane schälen und in Scheiben schneiden. Für mindestens 1 Stunde ins Tiefkühlfach stellen. Den Hanfsamen ca. 1 Stunde in kaltem Wasser einweichen. Hanfsamen in ein Sieb abgießen. Mit Tahin und 1 Schuss Reismilch im Mixer pürieren. Die Aprikosen waschen, die Steine entfernen und das Fruchtfleisch in den Mixer geben. Die restliche Reismilch und den Sanddornsaft hinzugießen und alles glatt pürieren. Zum Schluss die gefrorenen Bananenstücke hinzugeben und so lange weitermixen, bis alles glatt ist.

Für 2 Gläser à ca. 350 mll

1 Banane
2 El Hanfsamen
1 El naturbelassenes Tahin (Sesampaste)
250 ml Reismilch
250 g Aprikosen
100 ml Sanddornsaft

STATT REISMILCH SCHMECKT AUCH EINE ANDERE PFLANZENMILCH, ZUM BEISPIEL AUS MANDELN ODER HAFER.

MANGO-BASILIKUM-WASSER
MIT CHILI

Für ca. 500 ml

1 Mango
1–2 Stängel frisches
Basilikum
1 kleine Chilischote
ein paar Spritzer
Zitronensaft
500 ml Mineralwasser
oder Leitungswasser
Eiswürfel nach Belieben

Die Mango schälen und das Fruchtfleisch in Stücke schneiden. Das Basilikum waschen und trocken schütteln. Die Chilischote waschen und leicht anritzen. Alles zusammen mit dem Zitronensaft in ein verschließbares Gefäß geben und mit dem Wasser auffüllen.

Das Gefäß verschließen und das Mango-Basilikum-Wasser über Nacht im Kühlschrank durchziehen lassen. Nach Belieben mit Eiswürfeln servieren.

CHILI WÄRMT, BRINGT DEN STOFFWECHSEL AUF TOUREN UND REGT DIE AUSSCHÜTTUNG VON GLÜCKSHORMONEN AN.

HOT

ERDBEER-WASSER

MIT LIMETTEN

Für ca. 500 ml

100 g Erdbeeren
1 unbehandelte Limette
500 ml Mineralwasser
oder Leitungswasser

Die Erdbeeren vorsichtig waschen, putzen und halbieren. Die Limette gründlich waschen und in dünne Scheiben schneiden. Beides in ein verschließbares Gefäß geben und mit dem Wasser aufgießen. Das Gefäß verschließen und das Erdbeer-Wasser über Nacht im Kühlschrank durchziehen lassen. Nach Belieben mit Eiswürfeln servieren.

ERDBEEREN UND LIMETTEN SIND REICH AN VITAMIN C UND WIRKEN ENTZÜNDUNGSHEMMEND.

INFUSED WATER

GRAPEFRUIT-WASSER

MIT ROSMARIN

Für ca. 500 ml

½ Grapefruit
1 Zweig Rosmarin
500 ml Mineralwasser
oder Leitungswasser
Eiswürfel nach Belieben

DIE GRAPEFRUIT UNTERSTÜTZT DEN FETTSTOFFWECHSEL DER LEBER UND DAMIT DIE ENTGIFTUNG.

Die Grapefruit auspressen. Den Rosmarin waschen, in ein verschließbares Gefäß geben und mit einem Stößel sanft anstoßen. Den Grapefruitsaft dazugeben und alles mit dem Wasser aufgießen. Das Gefäß verschließen und das Grapefruit-Wasser über Nacht im Kühlschrank durchziehen lassen. Nach Belieben mit Eiswürfeln servieren.

INFUSED WATER

FRISCH

KIWI-KARAMBOLE-WASSER
MIT GRANATAPFEL

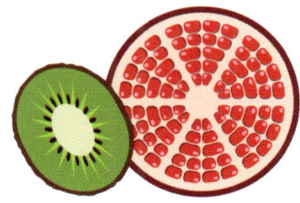

Die Kiwi schälen und in Scheiben schneiden. Die Karambole gründlich waschen, putzen und in Scheiben schneiden. Beides zusammen mit den Granatapfelkernen und der Zitronenmelisse in ein verschließbares Gefäß geben und das Wasser dazugießen.

Das Gefäß verschließen und das Kiwi-Karambole-Wasser über Nacht im Kühlschrank durchziehen lassen. Nach Belieben mit Eiswürfeln servieren.

Für ca. 500 ml

½ Kiwi
½ unbehandelte Karambole
(Sternfrucht)
Kerne von ¼ Granatapfel
einige Blätter
Zitronenmelisse
500 ml Mineralwasser
oder Leitungswasser
Eiswürfel nach Belieben

INFUSED WATER

RHABARBER-INGWER-WASSER

Für ca. 500 ml

40 g unbehandelter
Rhabarber
1 cm frischer Ingwer
1 unbehandelte Limette
450 ml Mineralwasser
oder Leitungswasser
50 ml Rhabarbersaft
Eiswürfel
nach Belieben

Den Rhabarber waschen, putzen und in Stücke schneiden. Den Ingwer schälen und in dünne Scheiben schneiden. Die Limette halbieren. Eine Hälfte auspressen, die andere Hälfte in Scheiben schneiden.

Das Wasser und den Rhabarbersaft in ein verschließbares Gefäß geben und vermischen. Rhabarberstücke, Ingwerscheiben und Limettenscheiben dazugeben und alles mit ein paar Spritzern Limettensaft abschmecken. Das Gefäß verschließen und das Rhabarber-Wasser über Nacht im Kühlschrank durchziehen lassen. Nach Belieben mit Eiswürfeln servieren.

INGWER WIRKT ENTZÜNDUNGSHEMMEND UND FÖRDERT DIE DURCHBLUTUNG. RHABARBER HAT EINE ABFÜHRENDE WIRKUNG.

MIT LIMETTE

FEIGEN-ORANGEN-WASSER
MIT NEKTARINE

Das Obst gründlich waschen. Die Feige in Stücke schneiden. Die Orange in Scheiben schneiden. Die Nektarine in Spalten schneiden. Alles zusammen mit der Zimtstange in ein verschließbares Gefäß geben und mit dem Wasser auffüllen. Das Gefäß verschließen und das Feigen-Orangen-Wasser über Nacht im Kühlschrank durchziehen lassen. Nach Belieben mit Eiswürfeln servieren.

NEKTARINEN ÜBERZEUGEN MIT EINEM VITALSTOFF-MIX AUS PROVITAMIN A, EISEN, CALCIUM UND KALIUM SOWIE VITAMINEN DER B-GRUPPE.

Für ca. 500 ml

1 Feige
½ unbehandelte
(Blut-)Orange
½ Nektarine
1 Zimtstange
500 ml Mineralwasser
oder Leitungswasser
Eiswürfel nach Belieben

INFUSED WATER

MELONEN-WASSER

MIT LIMETTE

WASSERMELONEN, LIMETTEN UND ZITRONEN SIND REICH AN VITAMIN C UND STÄRKEN DAS IMMUNSYSTEM.

Für ca. 500 ml

½ unbehandelte Limette
1 Streifen Schale von
1 unbehandelten Zitrone
1/8 Wassermelone
500 ml Mineralwasser
oder Leitungswasser
Eiswürfel und
Minzeblättchen
nach Belieben

Limette und Zitronenschale gründlich waschen. Die Limette in Scheiben schneiden. Die Melone schälen und in kleine Dreiecke schneiden. Die Limette in Scheiben schneiden. Alles in ein verschließbares Gefäß geben und mit dem Wasser aufgießen. Das Gefäß verschließen und das Melonen-Wasser über Nacht im Kühlschrank durchziehen lassen. Nach Belieben mit Eiswürfeln und mit Minzeblättchen garniert servieren.

CRANBERRY-WASSER

MIT HIMBEEREN

Für ca. 500 ml

6 Himbeeren
10 ml Cranberry-
Muttersaft
(aus dem Bioladen)
500 ml Mineralwasser
oder Leitungswasser
Eiswürfel nach Belieben

CRANBERRYS ENTHALTEN VIELE SEKUNDÄRE PFLAN-
ZENSTOFFE, DIE SICH GÜNSTIG AUF GEFÄSSE UND
DAS HERZ-KREISLAUF-SYSTEM AUSWIRKEN.

Die Himbeeren vorsichtig waschen und
verlesen. Den Cranberry-Muttersaft in ein
verschließbares Gefäß geben und mit dem
Wasser aufgießen. Die Himbeeren dazugeben. Das Gefäß verschließen und das
Cranberry-Wasser über Nacht im Kühlschrank durchziehen lassen. Nach Belieben mit Eiswürfeln servieren.

INFUSED WATER

100%.
NATURAL

ANANAS-KOKOS-WASSER

MIT ERDBEEREN

ANANAS ENTHÄLT REICHLICH VITAMIN C UND MINERALSTOFFE SOWIE SCHÜTZENDE ANTIOXIDANZIEN. ERDBEEREN PUNKTEN MIT ZINK, VITAMIN C UND SEKUNDÄREN PFLANZENSTOFFEN.

Für ca. 500 ml

1/2 Baby-Ananas
4 Erdbeeren
30 ml Kokoswasser
500 ml Mineralwasser
oder Leitungswasser
Eiswürfel nach
Belieben

Die Ananas schälen und in dekorative Stücke schneiden. Die Erdbeeren waschen, putzen und halbieren. Beides zusammen mit dem Kokoswasser in ein verschließbares Gefäß geben. Das Wasser dazugeben und alles vermischen. Das Gefäß verschließen und das Ananas-Kokos-Wasser über Nacht im Kühlschrank durchziehen lassen. Nach Belieben mit Eiswürfeln servieren.

INFUSED WATER

ZITRUS-GURKEN WASSER

MIT MINZE

Für ca. 500 ml

½ unbehandelte Zitrone
¼ unbehandelte Salatgurke
1 Zweig Minze
500 ml Mineralwasser
oder Leitungswasser
Eiswürfel nach Belieben

Zitrone und Gurke gründlich waschen. Die Zitrone in Scheiben schneiden. Die Gurke in Streifen schneiden. Die Minze waschen. Zitronenscheiben und Minze in ein verschließbares Gefäß geben und mit einem Holzstößel leicht anstoßen. Die Gurkenstreifen zugeben und alles mit dem Wasser aufgießen. Das Gefäß verschließen und das Zitrus-Gurken-Wasser über Nacht im Kühlschrank durchziehen lassen. Nach Belieben mit Eiswürfeln servieren.

GURKEN ENTHALTEN MINERALIEN UND WIRKEN FEUCHTIGKEITSSPENDEND. ZITRONEN REGEN DIE VERDAUUNGSARBEIT AN.

SPRITZIG

GRAPEFRUIT-MELONENSAFT
MIT MARACUJA

DIESER SAFT IST REICH AN VITAMINEN SOWIE KALIUM, CALCIUM UND NATRIUM.

Die Grapefruit schälen und vierteln. Das Fruchtfleisch aus der Melone lösen und in grobe Stücke schneiden. Erdbeeren, Nektarine und Minze waschen. Die entkernte Nektarine vierteln. Die Maracuja halbieren und das Fruchtfleisch heraus löffeln. Alle Zutaten in den Entsafter geben. Die Maracuja verleiht diesem Saft ein intensives, exotisches Aroma. Wer Maracujas nicht mag, verwendet stattdessen eine weitere halbe Nektarine.
Wer Grapefruits nicht essen darf (z. B. wegen der Einnahme von Medikamenten), ersetzt die Grapefruit mit einer Orange oder Blutorange.

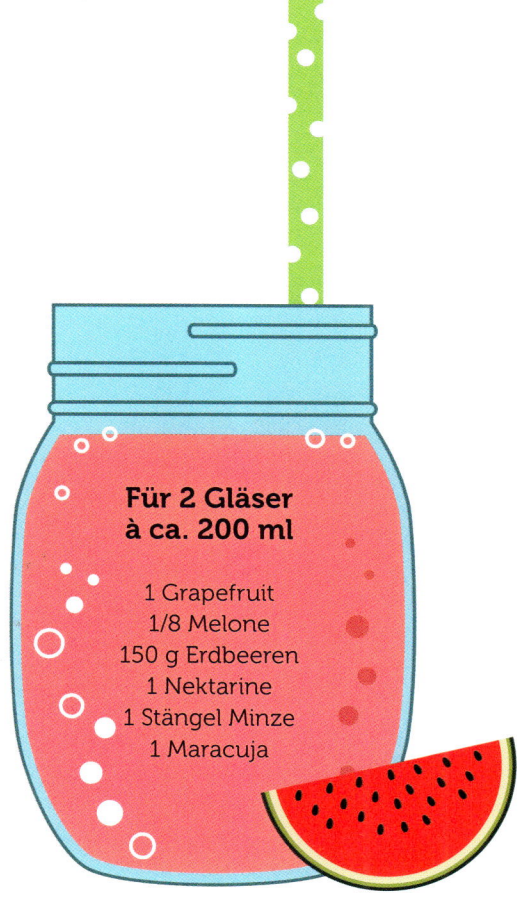

Für 2 Gläser à ca. 200 ml

1 Grapefruit
1/8 Melone
150 g Erdbeeren
1 Nektarine
1 Stängel Minze
1 Maracuja

PFLAUMEN-MÖHRENSAFT

MIT ERDBEEREN

JE FRISCHER DIE VERWENDETEN ZUTATEN SIND, DESTO MEHR NÄHRSTOFFE SIND DARIN ENTHALTEN.

**Für 2 Gläser
à ca. 200 ml**

150 g Erdbeeren
6 Pflaumen
3 Möhren
2 Äpfel
1 Orange

Die Erdbeeren, Pflaumen, Möhren und Äpfel waschen. Die Pflaumen entkernen und die Möhren in grobe Streifen schneiden. Bei Bedarf das Kerngehäuse der Äpfel entfernen und die Äpfel vierteln. Von der Orange die Schale entfernen und vierteln. Nacheinander alle Zutaten in den Entsafter geben.
Anstelle von Erdbeeren kann man auch Himbeeren verwenden.

RADIESCHEN-RETTICH-SPROSSENSAFT

MIT INGWER

**Für 2 Gläser
à ca. 200 ml**

10 Radieschen
1 kleiner weißer
Rettich
100 g Sprossen
2 cm Ingwer
1/2 Gurke
1/2 Rosa Bete

Radieschen, Rettich, Sprossen, Ingwer und Gurke waschen. Rettich und Gurke in Stücke schneiden. Von der Rosa Bete die Schale entfernen und ebenfalls in Stücke schneiden. Nun alle Zutaten in den Entsafter geben.

SPINAT-STAUDENSELLERIE-GURKENSAFT

MIT BASILIKUM

SELLERIE WIRKT KÜHLEND UND IST DAHER AN HEISSEN TAGEN EINE IDEALE ZUTAT FÜR SÄFTE.

**Für 2 Gläser
à ca. 200 ml**

1/2 Gurke
2 grüne Äpfel
1 Stange Staudensellerie
50 g Spinat
2 cm Ingwer
5 Blätter Basilikum
1 Stängel
Zitronenmelisse
1/2 Zitrone

Gurke, Äpfel, Staudensellerie, Spinat, Ingwer, Basilikum und Zitronenmelisse waschen. Bei Bedarf das Kerngehäuse der Äpfel entfernen und vierteln. Gurke und Staudensellerie in Stücke schneiden. Von der Zitrone die Schale entfernen. Alle Zutaten in den Entsafter geben.

WEISSKOHL-APFEL-FENCHELSAFT

MIT INGWER

**Für 2 Gläser
à ca. 200 ml**

1/4 Weißkohl
2 Äpfel
2 Möhren
1/4 Fenchel
2 cm Ingwer
1 Stängel Petersilie

DAS GRÜN DER MÖHREN UND DES FENCHELS KANN EBENFALLS MIT ENTSAFTET WERDEN.

Vom Weißkohl die äußeren Blätter ablösen und in grobe Streifen schneiden. Äpfel, Möhren, Fenchel, Ingwer und Petersilie waschen. Bei Bedarf das Kerngehäuse der Äpfel entfernen und die Äpfel vierteln. Die Möhren in grobe Streifen schneiden. Alle Zutaten in den Entsafter geben.

100%
NATURAL

MÖHREN-APFELSAFT

MIT ROTE BETE

DER SAFT SCHMECKT AUCH TOLL MIT ORANGE. DAFÜR 1 APFEL DURCH 1 ORANGE ERSETZEN.

Für 2 Gläser à ca. 200 ml

3 Äpfel
5 Möhren
1/2 Rote Bete

Die Äpfel und Möhren waschen. Bei Bedarf das Kerngehäuse der Äpfel entfernen und die Äpfel vierteln. Die Möhren in grobe Streifen schneiden. Von der Roten Bete die Schale entfernen. Alle Zutaten in den Entsafter geben.
Zu diesem Saft sollte man etwas Fett – zum Beispiel in Form von 1 TL Kokosöl oder Olivenöl – essen, weil dadurch die fettlöslichen Vitamine wie das Beta-Carotin der Möhren besser aufgenommen werden.

GRANATAPFEL-ORANGEN-MÖHRENSAFT

MIT KURKUMA

**Für 2 Gläser
à ca. 200 ml**

1 Granatapfel
1 Orange
1 Apfel
3 Möhren
2 cm Kurkuma
(alternativ: 1 TL als Pulver)

Die Kerne aus dem Granatapfel lösen.
Von der Orange die Schale entfernen und
vierteln. Den Apfel, die Möhren und das
Kurkuma waschen. Bei Bedarf das Kerngehäuse des Apfels entfernen und vierteln.
Die Möhren in grobe Streifen schneiden.
Alle Zutaten in den Entsafter geben.

WER KEIN FRISCHES KURKUMA HAT,
KANN 1 TL KURKUMA-PULVER NACH DEM
PRESSEN IN DEN SAFT RÜHREN.

STAUDENSELLERIE-APFEL-FENCHELSAFT

MIT ZITRONE

**Für 2 Gläser
à ca. 200 ml**

2 Stangen Staudensellerie
1/3 Gurke
1 Stängel Petersilie
1/2 Fenchel
2 grüne Äpfel
1 Zitrone
1 EL Chlorella-Pulver

Staudensellerie, Gurke, Petersilie, Fenchel und Äpfel waschen. Bei Bedarf das Kerngehäuse der Äpfel entfernen und die Äpfel vierteln. Staudensellerie, Gurke und Fenchel in Stücke schneiden. Von der Zitrone die Schale entfernen. Alle Zutaten – bis auf das Chlorella-Pulver – in den Entsafter geben. Nach dem Pressen das Chlorella-Pulver in den Saft rühren.

INGWER-KURKUMA-ZITRONENSAFT

Für 2 kleine Gläser à ca. 100 ml

3 cm Kurkuma
2 cm Ingwer
1 Zitrone
1 Glas Kokoswasser

Das Kurkuma und den Ingwer waschen. Von der Zitrone die Schale entfernen und halbieren. Alle Zutaten in den Entsafter geben.
Für noch mehr Vitamin C: anstelle von Kokoswasser 1–2 Orangen pressen.

DIESER SAFT IST IDEAL, WENN ERKÄLTUNGS-KRANKHEITEN IM ANMARSCH SIND.

APFEL-PFIRSICH-GURKENSAFT

MIT PETERSILIE

**Für 2 Gläser
à ca. 200 ml**

2 Äpfel
2 Pfirsiche
1/2 Gurke
1 Stängel Petersilie
1 Stängel Minze
1/2 Zitrone

Die Äpfel, Pfirsiche, Gurke, Petersilie und Minze waschen. Bei Bedarf das Kerngehäuse der Äpfel entfernen und die Äpfel vierteln. Die Pfirsiche entkernen. Von der Zitrone die Schale entfernen. Alle Zutaten in den Entsafter geben. Kräuter lassen sich bei allen Säften – je nach Belieben – variieren. Zitronenmelisse kann man anstatt Minze, Basilikum anstatt Petersilie verwenden. Auch Wildkräuter wie Brennnessel, Löwenzahn oder Giersch sind eine tolle Ergänzung.

STAUDENSELLERIE-GURKEN-INGWERSAFT
MIT LÖWENZAHN

**Für 2 Gläser
à ca. 200 ml**

2 Äpfel
1/2 Gurke
2 Stangen Staudensellerie
6–8 Blätter Löwenzahn
2 cm Ingwer
1/2 Zitrone

Äpfel, Gurke, Staudensellerie, Löwenzahn und Ingwer waschen. Bei Bedarf das Kerngehäuse der Äpfel entfernen und die Äpfel vierteln. Die Gurke und den Staudensellerie in Stücke schneiden. Von der Zitrone die Schale entfernen. Alle Zutaten in den Entsafter geben.

APFELESSIG REDUZIERT TOXINE BEI KONVENTIONELL ANGEBAUTEM OBST UND GEMÜSE. DAZU EINE HALBE TASSE APFELESSIG IN DAS WASCHWASSER GEBEN UND DIE FRÜCHTE EINE WEILE DARIN LIEGEN LASSEN.

MIT
BISS

ANANAS-STAUDEN-SELLERIE-SPINATSAFT

MIT PETERSILIE

**Für 2 Gläser
à ca. 200 ml**

100 g Spinat
1/4 Gurke
2 Stangen Staudensellerie
2 cm Ingwer
1 Stängel Petersilie
1/2 Ananas
1/2 Limette

Spinat, Gurke, Staudensellerie, Ingwer und Petersilie waschen. Gurke und Staudensellerie in Stücke schneiden. Von der Ananas und der Limette die Schale entfernen. Die Ananas in grobe Stücke schneiden. Alle Zutaten in den Entsafter geben.
Wer seine Säfte noch nahrhafter oder etwas dickflüssiger trinken möchte, kann nach dem Pressen 1–2 TL Chia- oder Hanfsamen in den Saft rühren.

ANANAS-ROTE-BETE-MÖHRENSAFT

MIT INGWER

**Für 2 Gläser
à ca. 200 ml**

1/2 Ananas
1/2 Rote Bete
1/4 Limette
6 Möhren
2 cm Ingwer

Von der Ananas, der Roten Bete und der Limette die Schale entfernen. Die Ananas in grobe Stücke schneiden. Die Möhren waschen und in grobe Streifen schneiden. Alle Zutaten in den Entsafter geben.

ZITRUSFRÜCHTE SOLLTEN IMMER BEI ZIMMERTEMPERATUR GELAGERT WERDEN, DA SIE DANN MEHR SAFT GEBEN.

STAUDENSELLERIE-MÖHREN-TOMATENSAFT
MIT GURKE UND BASILIKUM

MIT DIESEM SAFT WIRD EIN GROSSTEIL DES TAGESBEDARFS AN VITAMINEN UND MINERALSTOFFEN ABGEDECKT.

Für 2 Gläser à ca. 200 ml

2 Stangen Staudensellerie
3 Möhren
3 mittelgroße Tomaten
1/3 Gurke
1 Stängel Basilikum
1/2 Rote Bete

Staudensellerie, Möhren, Tomaten, Gurke und Basilikum waschen. Den Staudensellerie in Stücke, die Möhren und die Gurke in grobe Streifen schneiden und die Tomaten vierteln. Von der Roten Bete die Schale entfernen. Alle Zutaten in den Entsafter geben.

GRÜNKOHL-APFEL-SPINATSAFT

MIT LIMETTE

**Für 2 Gläser
à ca. 200 ml**

2 Äpfel
2 Blätter Grünkohl
50 g Spinat
2 cm Kurkuma
1/2 Limette
1 Glas Kokoswasser

Äpfel, Grünkohl, Spinat und Kurkuma waschen. Bei Bedarf das Kerngehäuse der Äpfel entfernen und die Äpfel vierteln. Den Grünkohl in Streifen schneiden. Von der Limette die Schale entfernen. Alle Zutaten mit dem Kokoswasser in den Entsafter geben.

WER TÄGLICH GRÜNE SÄFTE TRINKEN MÖCHTE, KANN STATT SPINAT UND GRÜNKOHL RUCOLA, MANGOLD ODER KRESSE VERWENDEN.

SÄFTE

POWER-DRINK

GURKEN-STAUDEN-SELLERIE-APFELSAFT

Die Gurke, den Staudensellerie und die Äpfel waschen. Bei Bedarf das Kerngehäuse der Äpfel entfernen und die Äpfel vierteln. Die Gurke und den Staudensellerie in Stücke schneiden. Die Schale der Zitrone entfernen, dann alle Zutaten in den Entsafter geben.

JE FRISCHER OBST UND GEMÜSE SIND, DESTO BESSER IST AUCH DIE SAFTQUALITÄT. ÜBER- UND UNREIF SIND SIE UNGEEIGNET.

Für 2 Gläser à ca. 200 ml

1/3 Gurke
2 Stangen Staudensellerie
3 Äpfel
1/2 Zitrone

BEEREN-MELONENSAFT

FÜR DIESEN SAFT KÖNNEN ALLE ARTEN VON BEEREN MIT STIEL UND BLATTGRÜN VERARBEITET WERDEN.

**Für 2 Gläser
à ca. 200 ml**

100 g Erdbeeren
100 g Blaubeeren
100 g Himbeeren
1/4 Melone

Die Beeren waschen. Das Fruchtfleisch aus der Melone lösen und die Melone in grobe Stücke schneiden. Alle Zutaten in den Entsafter geben.

RUCOLA-APFEL-GURKENSAFT

MIT MINZE UND KOKOS

**Für 2 Gläser
à ca. 200 ml**

1/3 Gurke
1 grüner Apfel
50 g Rucola
1 Stängel Minze
1 Glas Kokoswasser

ANSTATT SPINAT KANN JEGLICHES GRÜNES BLATTGEMÜSE WIE RUCOLA, GRÜNKOHL ODER MANGOLD VERWENDET WERDEN.

Die Gurke, den Apfel, den Rucola und die Minze waschen. Bei Bedarf das Kerngehäuse des Apfels entfernen und den Apfel vierteln. Die Gurke in grobe Stücke schneiden. Alle Zutaten in den Entsafter geben.
Der Saft schmeckt auch toll mit Orange. Dafür 1 Apfel durch 1 Orange ersetzen.

ALOE-VERA-GURKEN-INGWERSAFT

MIT CHLORELLA-PULVER

**Für 2 Gläser
à ca. 200 ml**

1 Blatt Aloe vera
1/3 Gurke
1 Stängel Petersilie
2 cm Ingwer
2 EL Chlorella-Pulver
1 Glas Kokoswasser

SÜSSER SCHMECKT DER SAFT, WENN
MAN ANSTELLE DER HALBEN GURKE
1 BIS 2 ORANGEN PRESST.

Aloe vera, Gurke, Petersilie und Ingwer
waschen. Aloe vera und Gurke in Stücke
schneiden. Das Chlorella-Pulver in das
Kokoswasser einrühren. Alle Zutaten in
den Entsafter geben.

GRANATAPFEL-APFEL-ORANGENSAFT

MIT KURKUMA

**Für 2 Gläser
à ca. 200 ml**

1 Granatapfel
2 Äpfel
1 cm Ingwer
1 cm Kurkuma
1 Orange
1 Prise Zimt

ZIMT REDUZIERT DEN SCHNELLEN ANSTIEG DES BLUTZUCKERS. DAZU DIE ORANGEN-VIERTEL MIT ZIMT BESTREUEN.

Die Kerne aus dem Granatapfel lösen. Die Äpfel, Kurkuma und Ingwer waschen, bei Bedarf das Kerngehäuse der Äpfel entfernen und vierteln. Von der Orange die Schale entfernen und vierteln. Alle Zutaten in den Entsafter geben.

ANANAS-GRÜNKOHL-APFELSAFT

MIT BRUNNENKRESSE

**Für 2 Gläser
à ca. 200 ml**

1/2 Ananas
2 Äpfel
50 g Brunnenkresse
50 g Sprossen
1 Stängel Petersilie
2 Blätter Grünkohl
100 g Weizengras

Von der Ananas die Schale entfernen und in grobe Stücke schneiden. Äpfel, Brunnenkresse, Sprossen, Petersilie, Grünkohl und Weizengras waschen. Bei Bedarf das Kerngehäuse der Äpfel entfernen und die Äpfel vierteln. Den Grünkohl in Streifen schneiden, das Weizengras in 4 cm lange Stücke schneiden. Alle Zutaten in den Entsafter geben.

Idealerweise gibt man das Blattgrün mit der Ananas und den Äpfeln im Wechsel in den Entsafter, denn die eher trockenen Gräser werden besser in Kombination mit feuchteren Obst- und Gemüsesorten entsaftet.

FRISCH

REZEPT-VERZEICHNIS